AF384738

Catalogue

DE LIVRES,

AUTOGRAPHES,

GRAVURES, DESSINS, ETC.,

PROVENANT DE LA

BIBLIOTHÈQUE DE FEU M***,

Dont la vente se fera le jeudi 12 septembre 1839 et jours suivants, à six heures de relevée, rue des Bons-Enfants, n. 30, maison Silvestre, salle du premier.

LES ADJUDICATIONS SERONT FAITES

Par Me REGNARD, Commissaire-Priseur, rue Chanoinesse, n° 11, cloître Notre-Dame.

—————◦◦◦—————

SE DISTRIBUE A PARIS,

CHEZ SILVESTRE, LIBRAIRE,

RUE DES BONS-ENFANTS, 30.

———

1839

ORDRE DES VACATIONS.

Première vacation, jeudi 12 septembre 1839.

Nᵒˢ 1 à 53.

Deuxième vacation, vendredi 13.

54 — 105.

Troisième vacation, samedi 14.

106 — 160.

Quatrième vacation, lundi 16.

161 — 212.

Cinquième vacation, mardi 17.

213 — 299.

On pourra voir et collationner les livres le matin de chaque vacation, depuis une heure jusqu'à trois.

Tous les ouvrages doivent être collationnés dans la salle de vente et dans les vingt-quatre heures de l'adjudication.

Les acquéreurs paieront, en sus du prix d'adjudication, cinq centimes par franc, applicables aux frais.

On vendra une trentaine de lots au commencement de chaque vacation.

Catalogue

DE LIVRES,

AUTOGRAPHES,

GRAVURES, DESSINS, ETC.,

PROVENANT DE LA

BIBLIOTHÈQUE DE FEU M***.

---

1. Biblia sacra. *Paris.*, Vitré, 1666, in-4. v. ------ 4 - 0f

2. La Bible, traduction nouvelle, avec l'hébreu en 24 —
regard, par S. Cahen. *Paris*, 1831, 8 vol. in-8. br.

3. Missale parisiense. *Paris.*, 1738, in-fol. mar. r. 8 — 50
dent.

4. Génie du christianisme, par M. de Chateaubriand. 9 —
Lyon, 1809, 5 vol. in-8. fig. v. fil. tr. d.

5. La perpétuité de la foy de l'église catholique tou- 3f —
chant l'Eucharistie. *Paris*, 1670, 5 vol. in-4. v.

6. Législation primitive, par de Bonald. *Paris*, 7 - 50
1802, 3 vol. in-8. v. dent. tr. d.

7. Histoire abrégée des traités de paix entre les puis- 111 —
sances de l'Europe, depuis le traité de Westpha-
lie, par de Koch et Schœll. *Paris*, 1817, 15 vol.
in-8. v. dent.

8. Capitularia regum Francorum, Steph. Baluzius 1f —
collegit, notisque illustravit. *Paris.*, 1677, 2 vol.
in-fol. v.

9. Questions de droit administratif, par M. de Cor- 1 —0f
menin. *Paris*, 1822, 2 vol. in-8. br.

10. Les lois rurales de la France, par M. Fournel. *Paris*, 1820, 3 vol. in-8. d. rel. v. ant.

11. Commentaires sur les lois anglaises, trad. de l'angl. de Blackstone. *Bruxelles*, 1774, 6 vol. in-8. bas.

12. Encyclopédie, ou dictionnaire raisonné des sciences, des arts et des métiers, par Diderot et d'Alembert. *Paris*, 1751, 28 vol. in-fol. fig. v.

13. Trente-cinq vol. in-18. cart. de la collection des manuels publiés par M. Roret.

14. Manuel de l'histoire de la philosophie, trad. de l'allem. de Tennemann, par V. Cousin. *Paris*, 1829, 2 vol. in-8. d. rel. v. violet.

15. Essai philosophique concernant l'entendement humain; trad. de l'angl. de Locke par Coste. *Amst.*, 1774, 4 vol. in-12. v. fil.

16. OEuvres morales de Plutarque, trad. par Amyot. *Paris*, Vascosan, 1572, in-fol. v.

17. The spectator. *Lond.*, 1776, 8 vol. in-12. v.

18. Bibliothèque de l'homme public, par Condorcet. *Paris*, 1790-1791, 24 vol. in-8. br. (*Les deux premières années.*)

19. L'ambassadeur et ses fonctions, par de Wicquefort. *Cologne*, 1715, 2 vol. in-4. v.

20. Recherches et considérations sur les finances de France (par Forbonnais). *Basle*, 1758, 2 vol. in-4. v.

21. Des canaux de navigation et spécialement du canal de Languedoc, par De La Lande. *Paris*, 1778, gr. in-fol. fig. v. fil.

22. Observations sur l'hist. nat., la phys., etc. *Paris*, 1752, 2 vol. in-4. fig. color. v.

23. Nouveau cours d'agriculture théorique et pratique, par les membres de la section d'agriculture

- de l'Institut de France. *Paris*, 1821-23, 16 vol. in-8. d. rel. v. ant.

24. Annales de l'institution royale agronomique de Grignon. *Paris*, 1828-33, 5 livrais. en 3 vol. in-8. fig. d. rel. v. ant.

25. La physique des arbres, par Duhamel du Monceau. *Paris*, 1758, 2 vol. in-4. fig. v. — Des semis et plantations des arbres et de leur culture, par Duhamel du Monceau. *Paris*, 1760, in-4. fig. v.

26. De l'exploitation des bois, par Duhamel du Monceau. *Paris*, 1764, 2 vol. in-4. fig. v. — Du transport, de la conservation et de la force des bois, par Duhamel du Monceau. *Paris*, 1767, in-4. fig. v.

27. Traité des arbres et arbustes qui se cultivent en France, en pleine terre, par Duhamel du Monceau, *Paris*, 1755, 2 vol. in-4. fig. v.

28. Trente-neuf dessins coloriés, sur VÉLIN, représentant diverses espèces de tulipes. In-fol. v.

29. Mémoires pour servir à l'hist. nat. des animaux, dressez par Perrault. *Paris*, I.R., 1676, gr. in-fol. v.

30. Histoire naturelle des oiseaux, par Buffon. *Paris*, I. R., 1771, 10 vol. gr. in-fol. fig. color. v. fil. tr. d.

31. Mémoires pour servir à l'histoire des insectes, par de Réaumur. *Paris*, 1734, 6 vol. in-4. fig. v.

32. Eléments de perspective pratique, par Valenciennes. *Paris*, an VIII, in-4. fig. br. — Traité de perspective simplifiée, par Mad. Le Breton. *Paris*, 1828, in-4. fig. d. rel.

33. Encyclopédie de l'ingénieur, par J. Delaistre. *Paris*, 1812, 3 vol. in-8. et atlas in-4. d. rel. v. ant.

34. Traité sur les puits artésiens, par F. Garnier. *Paris*, 1826, in-4. fig. d. rel. v. ant. — Essai

sur les moyens de conduire, d'élever et de distri-
buer les eaux, par M. Genieys. *Paris*, 1829, in-4.
d. r. v. ant. et planch. gr. in-4. cart.

5 — ~ 35. Commentaires sur les institutions militaires de
Végèce, par Turpin de Crissé. *Montargis*, 1779,
3 vol. in-4. fig. v.

3 — ƒo 36. Histoire de la campagne du prince de Condé
en Flandre, en 1674, par de Beaurain. *Paris*,
1774, in-fol. v. fil.

4 . 8o 37. Batailles gagnées par le prince Eugène de Sa-
voye. *La Haye*, 1725, gr. in-fol fig. v.

49 — ~ 38. Tableaux du cabinet du roi. *Paris*, I.R., 1679,
in-fol. v. (24 *planch.*) *

Dans le même volume : Statues et bustes antiques des maisons
royales, première partie. *Paris*, I. R., 1679. — Description de la
grotte de Versailles. *Paris*, I. R., 1679.

121 — ~ 39. Recueil d'estampes d'après les plus beaux ta-
bleaux, etc., qui sont en France, dans le cabinet
du roi, etc. (connu sous le nom de cabinet de
Crozat), avec une descript. hist. (par Mariette).
Paris, 1729, 2 part. en 1 vol. tr. gr. in-fol. v.
(*Belles épreuves.*)

Composé de 166 planch. dont les 137 premières sont numérotées.
La planche 5 (*la Sainte Famille, d'après Raphaël*) est gravée par
Frey ; la planche 22 manque.

32 — ~ 40. Diverses figures hiéroglyphiques, peintes par
Raphaël et grav. par Audran. 13 planch. en un
vol. gr. in fol. cart. (*Autres grav. réunies.*)

39 — ~ 41. Quatre-vingt-six pièces représentant divers monuments et sujets, grav. d'après Michel-Ange, le Dominiquin, Albert Durer, etc.

28 — ~ 42. La fable de Psyché, d'après Raphaël; Ant. Salamanque excudit. In-4. obl. v. (30 *planches au*

---

* La plupart des recueils de gravures de ce catalogue proviennent
du cabinet de J. du Tilliot, célèbre amateur qui vivait au commen-
cement du XVIIIe siècle.

lieu de 32; les planches 9 *et* 32 *manquent.)*

43. Estampes gravées d'après les tableaux de Nic. Poussin. Gr. in-fol. v. (17 *planch.*)

44. Testament d'Eudamidas, estampe grav. d'après Nic. Poussin par J. Pesne. (*Ancienne épreuve.*)

45. La gallerie du palais du Luxembourg, peinte par Rubens, et grav. d'après les dessins de Nattier. *Paris*, 1710, gr. in-fol. v. (*Anciennes épreuves.*)

46. Les travaux d'Ulysse, dess. par de Sainct-Martin, de la façon qu'ils se voyent dans la maison royale de Fontainebleau, peints par Nicolas et grav. par Théod. Van-Tulden. *Paris*, 1633, in-4. obl. v. (58 *planch.*)

47. Les peintures de Ch. Le Brun et de Le Sueur qui sont dans l'hôtel du Châtelet, ci-devant la maison du prés. Lambert, dessinées par B. Picart, et grav. par différents graveurs. *Paris*, 1740, gr. in-fol. v. (45 *planch.*)

48. Le Christ au tombeau, gravé d'après Le Brun par Roulet. (*Epreuve avant toute lettre.*)

49. La vie de saint Bruno, peinte par Le Sueur et grav. par Chauveau. In-fol. v. (24 *planch.*)

50. Galerie du duc d'Orléans, representant l'hist. de Didon, grav. d'après les dessins de Coypel, etc. Gr. in-fol. v.

51. Recueil d'estampes, d'après les tableaux du cabinet de Boyer d'Aguilles, grav. par Jacq. Coelemans. *Paris*, Mariette, 1744, gr. in-fol. v.

52. Vingt-huit pièces grav. par et d'après divers artistes des écoles française et flamande.

53. Recueil d'estampes grav. d'après les tableaux de Teniers, Vleughels, etc. In-fol. bas. (39 *planch.*)

54. Vingt-deux planch., la plupart grav. d'après Wouvermans.

55. Recueil d'estampes grav. d'après les tableaux de J. Jouvenet. Gr. in-fol. v. (7 *planch.*)

56. Recueil d'estampes grav. d'après les tableaux de Watteau. In-fol. v. (41 *planch.*)

57. Les seize premières livrais. de la galerie de Florence. *Paris*, 1789, gr. in-fol.

58. Galerie d'Annibal Carrache, peinte à Rome, dans le palais de Farnèse. In-fol. v. (24 *planch.*)

59. Quarante-sept pièces par Callot.

60. Vases, arabesques et marines, par Stef. de la Bella.—Frizes, feuillages ou tritons marins, dess. et grav. par J. Le Pautre. — Le tout en un vol. in-8. obl. cart. (53 *planch.*)

61. Ornements, paysages et sujets divers, 50 pièces grav. par et d'après divers artistes.

62. Recueil d'estampes grav. par Audran, Desplaces, Le Bas, etc. Gr. in-fol. v. (22 *planch.*)

63. Recueil d'estampes grav. par Drevet, Audran, N. Tardieu, de Larmessin, etc. Gr. in-fol. v. (60 *planch.*)

64. Recueil de gravures, vignettes, arabesques, etc., par B. Picart. In-fol. v. (69 *planch.*)

65. Impostures innocentes, ou recueil d'estampes, d'après divers peintres illustres, grav. à leur imitation par Bernard Picart. *Amst.*, 1734, in-fol. v. (74 *planch.*)

66. Quatorze pièces grav. d'après Boucher, Pâterre, Oudry, Pierre, etc.

67. Estampes grav. par de Larmessin et autres pour les contes de La Fontaine. In-4. obl. bas. (24 *planch.*)

68. Vingt-trois planches in-fol., dont six grav. d'après Coypel pour Molière, et les dix-sept autres grav. par de Larmessin pour les contes de La Fontaine.

69. Figures pour la Jérusalem délivrée de Torq. Tasse. In-4. cart. (21 *planch. grav. par Aug. Carrache et Jacq. Franco.*) 3 — 50

70. Seize gravures d'après les dessins de J.-B. Pater, pour le roman comique de Scarron. In-fol. obl. bas. 2f — "

71. Trente-et-une gravures d'après les dessins de Coypel, Cochin, Le Bas, etc., pour Don Quichotte. In-fol. obl. bas. 1f — "

72. Livre de dessins chinois. *Paris*, 1735, gr. in-fol. v. 13 — "

73. Recueil de 67 portraits grav. par Nanteüil, Edelinck, vanden Enden, etc. Gr. in-4. bas. 54 — "

74. Recueil de portraits grav. par Drevet, Wille, de Larmessin, Simonneau, van Schuppen, etc., dont Bossuet (*épreuve avant les points*), Samuel Bernard, le comte d'Harcourt dit le cadet à la perle, le card. Dubois. Gr. in-fol. v. (44 *planch.*) 200 — "

75. Quatre-vingt-quatre portraits grav. par Nanteuil, Drevet et autres. 4f — "

76. Quarante-deux portraits grav. par Nanteuil, Edelinck, Haid, Chereau et autres. 2f — "

77. Portraits de cardinaux. Pet. in-fol. v. (44 *planch.*) 10 — "

78. Recueil d'estampes grav. d'après les sculptures de Fr. Girardon. Gr. in-fol. v. (27 *planch.*) f — "

79. Bustes antiques du palais des Thuilleries, gravés par Baudet. In-fol. cart. (16 *planch.*) 1 — "

80. Collection des ports de France, grav. d'après J. Vernet. 14 planch. tr. gr. in-fol. 40 — "

81. Grammaire hébraïque raisonnée et comparée, par M. Sarchi. *Paris*, 1828, in-8. br. 3 — 2f

82. Dictionnaire grec-français, par Planche. *Paris*, 1809, 2 vol. in-8. bas. f — 5f

26 – ~ 83. Dictionnaire françois et latin (de Trévoux). *Paris*, 1771, 8 vol. in-fol. bas.

6 – 50 84. Dictionnaire français, par Furetière. *La Haye*, 1727, 4 vol. in-fol. v.

5 — 50 85. Dictionnaire de la langue française, par MM. Noël et Chapsal. *Paris*, 1828, gr. in-8. bas.

76 ~ 86. Ciceronis opera, stud. Jos. Oliveti. *Paris*., 1740-42, 9 vol. in 4. v. fil.

20 —~ 87. Les métamorphoses d'Ovide, en latin et en françois, avec des explicat. histor. par Banier. *Amst.*, 1732, 2 vol. gr. in-fol. fig. de B. Picart, v. fauv. fil. tr. d.

6 ~ 88. Martialis epigrammata. *Paris*., Le Loup, 1754, 2 vol. in-12. mar. r.

6 ~ 89. Fabliaux ou contes des XIIᵉ et XIIIᵉ siècles, trad. ou extraits, d'après divers mss. du temps (par Le Grand d'Aussy). *Paris*, 1779, 3 vol. in-8. v.

9 – 75 90. La Gerusalemme liberata, di Torq. Tasso. *Venet.*, 1745, in-fol. fig. v.

16 – 50 91. Histoire universelle des théâtres de toutes les nations, par une société de gens de lettres. *Paris*, 1779, 13 vol. in-8. fig. v.

15 —~ 92. Histoire du théâtre françois (par les frères Parfait). *Paris*, 1745, 14 vol. in-12. v. (*Tom.* 1 à 14.)

7 —~ 93. Dictionnaire de la fable, par M. Noël. *Paris*, 1803, 2 vol. in-8. d. rel.

20 —~ 94. Le temple des muses, orné de 60 tableaux dessinés et gravés par B. Picart. *Amst.*, 1733, gr. in-fol. fig. v. fauv. fil. tr. d.

22 — 50 95. Bibliothèque universelle des romans, de juillet 1775 à décembre 1782. *Paris*, 60 vol. in-12. d. rel.

96. Histoire amoureuse des Gaules, par Bussi Ra-
butin. 1754, 5 vol. in-12. v.

97. Leçons françaises de littérature, par MM. Noël
et de la Place. *Paris*, 1818, 2 vol. in-8. v.

98. Menagiana, ou les bons mots de Ménage. *Pa-*
ris, 1715, 4 vol. in-12. v. (*Exempl. de Soubise.*)

99. OEuvres de Lucien, trad. par Belin de Ballu.
Paris, 1789, 6 vol. in-8. v. fil.

100. Collection des classiques latins, publiée par
Lemaire. *Paris*, 1819-33, 72 livrais. en 138 vol.
gr. in-8 v. ant. dent. (*Complète.*)

101. Vingt volumes in-18. v. fil tr. dor. de la collection des auteurs latins, impr. à Londres par
Brindley. (*C'est le Tacite qui manque.*)

102. Seize vol. in-8 br. de la bibliothèque latine-
française, publ. par M. Panckoucke. [*Florus*,
Horace, *Juvénal*, *Justin*, *Lucrèce*, *Maxime*,
V. Paterculus, *Perse et Pétrone.*]

103. Partie de la correspondance de Piron avec Ca-
zotte, Démontcrif, de Fontette, etc. 58 lettres autographes, dont 17 avec sa signature.

104. Lettres autographes du prés. Bouhier, du prés.
Des Brosses, de La Condamine, de Fréron, de
Dusaulx, etc., adressées à Piron. (*Plusieurs sont*
accompagnées des réponses.)

105. Lettere di P. Bembo. *Roma*, 1548, pet. in-4.
mar. r. (*Piqué.*)

106. Dictionn. géographique, par de la Martinière.
Dijon, 1739, 6 vol. in fol. v.

107. Annales des voyages, de la géographie et de
l'histoire, publ. par Malte-Brun. *Paris*, 1808-13,
25 vol. in-8 d. rel. et br. [*Manque le cahier 68*
(*partie du tom. 23*).]

108. Atlas géographique, par d'Anville. Gr. in-fol.
cart.

81 — fo 109. Cent cinquante feuilles coloriées de la carte de France de Cassini, dans un portefeuille gr. in-fol.

2 — 20 110. Carte de la Russie d'Europe, avec l'empire d'Autriche et la Suède, dressée par M. Lapie. *Paris*, 1812, 6 feuilles gr. in-fol.

12 — fo 111. Voyage pittoresque de la Grèce, par de Choiseul-Gouffier. *Paris*, 1782, gr. in-fol. fig. v. fil. tr. d. [*Tome premier.*]

4 — a 112. Histoire des navigations aux terres australes. *Paris*, 1746, 2 vol. in-4. v.

21 — fo 113. L'art de vérifier les dates. *Paris*, 1770, in-fol. v.

55 — a 114. Histoire universelle, par une société de gens de lettres, trad. de l'angl. *Paris*, 1779 et suiv., 120 vol. in-8. v. [*Tom. 1 à 120.*]

14 — a 115. Mémoires pour servir à l'histoire ecclésiastique pendant le XVIIIe siècle. *Paris*, 1815, 4 vol. in-8. v.

22 — a 116. Histoire critique de l'inquisition d'Espagne, trad. de Llorente par A. Pellier. *Paris*, 1818, 4 vol. in-8. v.

19 — fo 117. Histoire d'Hérodote, trad. par Larcher. *Paris*, 1786, 7 vol. in-8. bas. fil.

10 — a 118. Examen des historiens d'Alexandre le Grand (par Sainte-Croix). *Paris*, 1804, in-4. v.

17 — fo 119. C. Taciti opera, notis illustravit Brotier. *Paris*, 1776, 7 vol. in 12. v. fil. tr. d.

28 — a 120. Histoire universelle de De Thou. *Londres*, 1734, 16 vol. in-4. v.

22 — fo 121. Dictionnaire géographique des Gaules et de la France, par Expilly. *Paris*, 1762, 5 vol. in-fol. v.

19 — fo 122. Notice sur l'ancienne Gaule, par d'Anville. *Paris*, 1760, in-4. v. — Histoire de la navigation intérieure de la France, par Jos. Dutens. *Paris*, 1829, 2 vol. in-4. d. rel. v. ant.

123. Histoire des Gaulois, par Améd. Thierry. *Pa-*
ris, 1828, 3 vol. in-8. d. rel. v. ant.

124. La religion des Gaulois (par Jacq. Martin).
Paris, 1727, 2 vol. in-4. fig. v.

125. Histoire de France, par Velly, Villaret et Gar-
nier. *Paris*, 1755, 30 vol. in-12. v. — Hist. de
France, seconde partie, par Fantin Desodoards.
Paris, 1808-1810, 26 vol. in-12. v.

126 Histoire de France, par Anquetil. *Paris*, 1828,
12 vol. in-12. bas.

127 Histoire de saint Louis (par Filleau de la Chai-
se). *Paris*, 1688, 2 vol. in-4. v.

128. Histoire de Charles VI, par Juvenal des Ursins,
édition revue par Godefroy. *Paris*, I. R., 1653,
in-fol. v. —Histoire de Charles VII, par J. Char-
tier. *Paris*, I. R., 1661, in-fol. v.

129. Mémoires de Comines. *Paris*, I. R., 1649,
in-fol. v.

130. Histoire de Charles VIII, par Guill. de Jali-
gny, André de la Vigne, etc , recueillie par Godefroy. *Paris*, I. R., 1684, in-fol. v.

131. Mémoires de Castelnau. *Bruxelles*, 1731, 3
vol. in-fol. v. dent. tr. d.

132. Réduction de la ville de Paris sous l'obéissance
de Henri IV, le mardi 22 de mars 1594. In-fol.
fig. cart.

133. Mémoires de Sully. *Amst.*, 1683, 4 tom. en 2
vol. in-fol. v.

134. Histoire du ministère du cardinal de Richelieu,
par A. Jay. *Paris*, 1816, 2 vol. in-8. d. rel. v.
ant.

135. Mémoires pour servir à l'histoire d'Anne d'Autriche, par Mad. de Motteville. *Maestricht*, 1782,
6 vol. in-12. v.

136. Médailles sur les principaux événemens du

règne de Louis-le-Grand, avec des explicat. hist. *Paris*, I. R., 1702, gr. in-fol. v. fauv.

137. Courses de têtes et de bagues, faites par le roy et par les princes et seigneurs de sa cour en l'année 1662. *Paris*, I. R., 1662, gr. in-fol. fig. v.

138. Les plaisirs de l'île enchantée, fêtes données par le roy à Versailles, en 1664. *Paris*, I. R., 1673, in-fol. fig. v.

139. Histoire de l'édit de Nantes. *Delft*, 1693, 5 vol. in-4. v.

140. Le sacre de Louis XV. Gr. in-fol. fig. v. dent.

141. Description des fêtes données par la ville de Paris, à l'occasion du mariage de Madame. *Paris*, 1740, tr. gr. in-fol. fig. v.

142. Histoire des conquêtes de Louis XV, de 1744 à 1748, par Dumourtous. *Paris*, 1759, in-fol. v.

143. Fêtes données par la ville de Paris, à l'occasion du mariage du Dauphin. Tr. gr. in-fol. fig. v. dent.

144. Histoire de France depuis la révolution de 1789, par Toulongeon. *Paris*, 1801, 3 vol. in-4. v.

145. Histoire de l'hôtel royal des Invalides, par Granet. *Paris*, 1736, in-fol. fig. v.

146. Les plans, profils et élévations des ville et château de Versailles. *Paris*, Demortain, 1716, gr. in-fol. fig. v.

147. Histoire génér. et partic. de Bourgogne (par D. Urb. Planchez et D. Merle). *Dijon*, 1739-48, 3 vol. in-fol. v. [*Les trois premiers volumes.*]

148. Le parlement de Bourgongne, son origine, son établissement et son progrès, par P. Palliot. *Dijon*, 1648, in-fol. v. — Bibliothèque des auteurs de Bourgogne, par Papillon. *Dijon*, 1745, in-fol. v. — Etat général alphabétique des villes, bourgs, etc., de Bourgogne. *Dijon*, 1760, in-fol. v. —

Table des communautez de Bourgongne et de Bresse. In-fol. v. (*Manuscrit.*)

149. Mémoire sur le duché de Lorraine, par d'Audiffret. In-fol. dem. rel. (*Manuscrit.*)

150. Histoire de Nancy, par J.-J. Lionnois. *Nancy*, 1811, 3 vol. in-8. br.

151. Pompe funèbre de Charles III, duc de Lorraine. *Nanci*, in-fol. obl. fig. v. (62 *planches.*)

152. Histoire de René d'Anjou, par M. de Villeneuve Bargemont. *Paris*, 1825, 3 vol. in-8. fig. d. rel. v. violet.

153. Histoire de l'Allemagne, par Barre. *Paris*, 1748, 10 tom. en 11 vol. in-4. gr. pap. portraits d'Odieuvre, v.

154. Histoire d'Angleterre, par Rapin de Thoyras. *La Haye*, 1749, 16 vol. in-4. v.

155. Hist. d'Angleterre, trad. de l'angl. de Smolett. *Orléans*, 1759-64, 19 vol. in-12. v.

156. Vues et façades de quelques hôtels de Vienne. In-4. obl. v. (96 *planch.*)

157. Histoire de Dannemarc, par Des Roches. *Paris*, 1732, 9 vol. in-12. v.

158. Théâtre d'Italie, ou description exacte de ses villes, palais, églises, etc. *Amst.*, P. Mortier, 1704, 4 vol. gr. in-fol. fig. v.

159. Recueil de 100 estampes représentant différentes nations du Levant. *Paris*, 1714, gr. in-fol. v.

160. Description géogr., histor., chronol., polit. et phys. de l'empire de la Chine et de la Tartarie chinoise, par Du Halde. *Paris*, 1735, 4 vol. in-fol. gr. pap. fig. v.

161. Histoire des découvertes et des conquestes des Portugais dans le nouveau monde, par Lafitau. *Paris*, 1734, 4 vol. in-12. fig. v.

162. Dictionnaire généalogique, héraldique, chro-

nologique et historique. *Paris*, 1757, 7 vol. pet. in-8. v.

12 — *fo* 163. Dictionnaire de la noblesse de France, par de Courcelles. *Paris*, 1820, 5 vol. in-8. br.

1f — *fo* 164. Histoire généalogique de la maison du Châtelet, par Dom Aug. Calmet. *Nancy*, 1741, in-fol. fig. mar. r. dent.

8 — *fo* 165. Portraits et fig. de l'hist. généal. de la maison de Gondi. In-4. v.

199 — *c* 166. L'antiquité expliquée et représentée en figures, par Bern. de Montfaucon. *Paris*, 1719, 10 vol. — Supplément. *Paris*, 1724, 5 vol. — En tout 15 vol. in-fol. gr. pap. v.

16 — *c* 167. Costumes des anciens peuples, par Dandré Bardon. *Paris*, 1772, 2 vol. gr. in-4. fig. v.

3 — *fo* 168. Onuphrii Panvinii de ludis circensibus lib. II, de triumphis lib. I Romanorum veterum. *Venet.*, 1600, in-fol. fig. v.

31 — *c* 169. Les ruines de Palmyre. *Londres*, 1753, gr. in-fol. fig. v.

5 — *c* 170. Villa Pamphilia ejusque palatium, statuæ, fontes, etc. *Romæ*, Jac. de Rubeis, in-fol. fig. v.

16 — *c* 171. Les ruines des plus beaux monuments de la Grèce. *Paris*, 1758, gr. in-fol. fig. v.

80 — *c* 172. Le antichità di Ercolano, esposte con qualche spiegazione (da Ot.-Ant. Bayardi). *Napoli, R. S.*, 1757-92, 8 vol. gr. in-fol. fig. bas. (*Manque le vol. des Candélabres.*)

3 — *40* 173. Causei de La Chausse romanum museum, sive thesaurus eruditæ antiquitatis. *Romæ*, 1707, in-fol. fig. v.

5 — *c* 174. Le grand cabinet romain, ou recueil d'antiquités romaines, expliquées par de la Chausse. *Amst.*, 1706, in-fol. fig.

9 — *fo* 175. Antiquitez sacrées et profanes des Romains,

expliquées. *La Haye*, 1726 , in-fol. gr. pap.
fig. v.

176. Admiranda romanarum antiquitatum ac ve-
teris sculpturæ vestigia, delineata et incisa à P.
Sancte Bartolo, notis P. Bellorii illustrata. *Ro-*
mæ, de Rubeis, in-fol. obl. v. (81 *planch.*)

177. Idem opus. *Romæ*, de Rubeis, 1693, in-fol.
obl. v. (83 *planch.*)

178. Le fabriche e vedute di Venetia, disegn. et
intagl. da L. Carlevariis. *Venetia*, 1703, in-4.
obl. v. (103 *planch.*)

179. Romanæ magnitudinis monumenta restituta,
cura, sumptibus ac typis Domin. de Rubeis. *Ro-*
mæ, 1699, in-4. obl. fig. v. (138 *planch.*)

180. Vedute di Roma. *Roma*, in-8. obl.

181. Insignium Romæ templorum prospectus, à
Jac. de Rubeis editi. *Romæ*, 1684, in-fol. v.
(72 *planch.*)

182. Templum vaticanum et ipsius origo, editum a
Car. Fontana. *Romæ*, 1694, gr. in-fol. fig. v.

183. Veteres arcus Augustorum triumphis insignes,
ex reliquiis quæ Romæ adhuc supersunt restituti,
notisque J. P. Bellorii illustrati. *Romæ*, 1690,
gr. in-fol. fig. v. (52 *planch.*)

184. Columna M. Aur. Antonino dicata. *Romæ*,
Demin. de Rubeis, 1704, in-fol. obl. fig. v. (77
planch.)

185. Columna antoniniana, a P. Sancte Bartolo edi-
ta, cum notis Jo. P. Bellorii. *Romæ*, in-fol. obl.
v. (77 *planch.*)

186. Colonna trajana, disegn. et intagl. da P. Santi
Bartoli, con l'esposizione da G. P. Bellori. *Roma*,
de Rossi, gr. in-fol. v. (127 *planch.*)

187. Il teatro delle fabriche et edificii di Roma mo-

derna. *Roma*, Rossi, 1665, 4 tom. en 1 vol. in-4. obl. fig. v. (138 *planches*)

11 · *fo* 188. Palazzi di Roma, disegn. da P. Ferrerio. In-fol. obl. v. (105 *planch.*)

8 ·· *fo* 189. Le fontane di Roma et delle ville di Frascati, disegn. et intagl. da G. B. Falda. *Roma*, Rossi, 2 part. en un vol. in-4. obl. v. (47 *planch.*)

13 _ 190. Le fontane di Roma, disegn. et intagl. da G. B. Falda. *Roma*, de Rossi, 4 part. en un vol. in-4. obl. fig. v. (90 *planch.*)

8 — *fo* 191. Icones et segmenta illustrium e marmore tabularum quæ Romæ adhuc extant, a Fr. Perrier delineata et incisa. *Romæ*, 1645, gr. in-fol. v. (50 *planch.*)

4 __ 192. Vestigi delle antichità di Roma, Tivoli, Pozzuolo et altri luochi. *Praga*, Æg. Sadeler, 1606, in-4. obl. (50 *planch.*)

23 __ 193. Raccolta di statue antiche e moderne da Domen. de Rossi, illustrata colle sposizioni di P. A. Maffei. *Roma*, 1704, gr. in-fol. v. (162 *planch.*)

5 — 194. Gli antichi sepolcri, overo mausolei romani e etruschi, raccolti, disegn. e intagl. da P. Santi Bartoli. *Roma*, de Rossi, 1704, in-fol. v. (110 *planch.*)

5 — 195. Le antiche lucerne sepolcrali figurate, raccolte, disegn. et intagl. da P. Santi Bartoli, con osservaz. di G. P. Bellori. *Roma*, 1704, pet. in-fol. v. (116 *planch.*)

7 — 196. Dessin figuré d'un éventail antique conservé dans le tresor de l'église de Saint – Philibert de Tournus. In-fol. (*Manuscrit.*)

2 — 197. Le gemme antiche figurate di Mich. Ang. de la Chausse. *Roma*, 1700, in-4. fig. v. (200 *planch.*)

198. Pierres antiques gravées par B. Picart, et expliquées par Stosch *Amst.*, 1724, in-fol. fig. v.

199. Médaillons antiques (faisant partie du cabinet
du roi). Gr. in fol. v. (4o *planch*.)

200. Recueil de médailles, par Pellerin. *Paris*, 1762-
67, 9 vol. in-4 fig. v. fil.

201 Histoire et mémoires de l'Académie royale des
sciences de Paris, de 1666 à 1763. 79 vol.—Sa-
vans étrangers. 4 vol. — Tables de 1666 à 1750.
6 vol. — En tout 89 vol. in-4. v.

202. Histoire et mémoires de l'Académie royale des
inscriptious et belles lettres. *Paris*, 1736-68, 32
vol. in-4. fig. v. [*Tom.* 1 *à* 32.]

203. Bibliothèque historique de la France, par Le-
long et de Fontette. *Paris*, 1768, 5 vol. in-fol. v.

204. Bibliothèque française, par de la Croix du
Maine et du Verdier. *Paris*, 1773, 6 vol. in-4.
gr. pap. v. fil. tr. d.

205. Dictionnaire des ouvrages anonymes et pseu-
donymes, par Barbier. *Paris*, 1822, 4 vol.
in-8. br.

206. Dictionnaire historique, par Moreri. *Paris*,
1759, 10 vol. in fol. d. rel.

207. Veterum illustrium philosophorum, poetarum,
rhetorum et oratorum imagines. *Romæ*, 1685,
in-fol. fig. v. (92 *planch*.)

208. Le cabinet des plus beaux portraits de plusieurs princes et princesses, des hommes illustres,
fameux peintres, etc. , peints par van Dyck, et
grav. par les meilleurs graveurs de son temps.
Anvers, Verdussen, in-fol. v. (126 *portr*.)

209. Les portraits des hommes illustres françois qui
sont peints dans la galerie du palais cardinal de
Richelieu, avec les abrégés histor. de leurs vies,
par de la Colombière. *Paris*, 1655, in fol. v.

210. Hist. littéraire des troubadours (d'après les mémoires de Sainte-Palaye), par Millot. *Paris*, 1774, 3 vol. in-12. v.

211. Histoire de Bossuet, par de Bausset. *Versailles*, 1814, 4 vol. in-8. v. dent.

212. Histoire de Fénélon, par de Bausset. *Paris*, 1809, 3 vol. in-8. v. dent.

SUPPLÉMENT.

213. Davidis psalmorum liber, gr. et lat. *Antuerpiæ*, Plantinus, 1584, in-16. parch.

214. Le Bhaguat-Geeta, trad. du samscrit en angl. par Ch. Wilkins, et de l'angl. par Parraud. *Lond.*, 1787, in-8. bas.

215. Le Coran, trad. par Savary. *Paris*, 1829, 3 vol. in-18. br. — Exposition de la foi musulmane. *Paris*, 1822, in-8. br.

216. Elémens de philosophie, par M. Genty. *Paris*, 1824, 2 vol. in-8. br.

217. Histoire comparée des systèmes de philosophie, par Degerando. *Paris*, 1822, 4 vol. in-8. br.

218. Essais sur la philosophie des Hindous, trad. de l'angl. de Colebrooke par G. Pauthier. *Paris*, 1833, 2 part. in-8. br.

219. Elémens de la philosophie de l'esprit humain, trad. de l'angl. par P. Prévost. *Genève*, 1808, 3 vol. in-8 br.

220. Aristotelis opera, gr. et lat., ex editione Guil. Duvallii. *Lut. Paris.*, typ. reg., 1619, 2 vol. in-fol. v.

221. Journal de physique et de chimie. 7 vol. in-4. br. et en cahiers. (*Tom.* 52, 53, 80, 81, 94, 95, 96.)

222. Bulletin de la Société géologique de France,

de 1830 à 1838, 9 vol. in-8. dem. rel. et en cahiers. (*Incompl. de plus. cahiers.*) — Journal de géologie, par MM. Boué, Jobert et Roset. *Paris*, 1831, 3 tom. en 12 livr. in-8.

223 Elémens de minéralogie appliquée aux sciences chimiques, etc., par MM. Girardin et Lecoq. *Paris*, 1826, 2 vol. in-8. br.

224 Campi phlegræi : observations sur les volcans des Deux-Siciles, en angl? et en français, par W. Hamilton. *Paris*, 1799, 11 livrais. gr. in-fol. (*Livrais. I à XI.*)
Exemplaire en très grand papier, avec les figures coloriées.

225. Traité des eaux minérales et des établissements thermaux du départ. des Pyrénées-Orientales, par J. Anglada. *Paris*, 1833, 2 vol. in-8. br.

226. Manuel de malacologie et de conchyliologie, par Ducrotay de Blainville. *Paris*, 1825, 2 vol. in-8. br. en cart. et 3 livrais. de planches.

227. Description de coquilles caractéristiques des terrains, par M. Deshayes. *Paris*, 1831, in-8. fig. br.

228. Un lot de gravures par et d'après divers artistes. 166 pièces de divers formats.

229. Gravures tirées de galeries, musées, etc. 65 pièces de divers formats.

230. Antiquités, bustes, camées, etc. 69 pièces de divers formats.

231. Deux pièces grav. par Raimondi (Marco Antonio), l'une : Vénus, l'Amour et Pallas (Bartsch, n° 310); l'autre : l'homme endormi à l'entrée d'un bois (Bartsch, n° 438).

232. Cent pièces d'après les artistes de l'Ecole d'Italie. Raphaël. Jules Romain, le Dominiquin, etc., grav. par Audran, Poilly, Dorigny et autres.

233. Trente et une pièces de la suite de la Psyché

d'après Raphaël, grav. par le maître au dé, et Augustin Vénitien. (*Partie avant le nom d'Antoine Salamanque; partie avec le nom de Salamanque, mais avant la retouche de Thomassin.*)

Cette suite est incomplète des nᵒˢ 9 et 13, et le nᵒ 25 est double.

234. Sept grandes planch. grav. d'après Raphaël. (*Cartons d'Hampton-Court.*)

235. Dix planch. grav. d'après Michel-Ange, Raphaël, le Primatice, etc., par des graveurs du temps.

236. Huit grandes gravures d'après le Dominiquin.

237. Eaux-fortes italiennes par Pesarèse, Pietra Testa et autres. 21 pièces de divers formats.

238. Trente pièces grav. par Herman Swanevelt, dont six avec *l'excudit* et dix des petits paysages ovales.

239. Quarante-neuf pièces grav. par Salvator Rosa.

240. Cent-douze pièces de divers formats par Et. De La Belle.

241. Trente-sept pièces de J. Callot, dont la suite complète des dix-huit des misères et malheurs de la guerre.

242. Pastorales de Claudine Stella. 17 planches in-4.

243. Gravures d'après les peintres de l'École française, Nic. Poussin, Le Sueur, etc. 77 pièces de divers formats.

244. Huit grandes planches grav. par Est. Baudet d'après Nic. Poussin

245. Les sept sacrements grav. d'après Nic. Poussin. 7 tr. grandes planch.

246. Les quatre saisons grav. d'après Nic. Poussin. 4 grandes planch.

247. Dix grandes planches grav. d'après Nic. Poussin et Le Sueur.

248. Onze pièces grav. d'après Claude le Lorrain, Jos. Vernet, etc.

249. Le départ pour les champs, de Claude le Lorrain. (*N° 16 du peintre graveur français.*)

250. Eaux-fortes par des artistes français, Seb. Bourdon, La Hyre, Fragonard, Schenau et autres. 36 pièces de divers formats.

251. Neuf paysages par Boissieux.

252. Paysages à l'eau-forte par Boguet. 9 pièces de divers formats.

253. Eaux-fortes d'animaux par Reinhart. 12 pièces in-4.

254. Quarante-huit pièces et dessins relatifs à la révolution française, dont une épreuve (*avant toute lettre*) de la mort de Marat grav. d'après David, — le portrait du général Moreau (*dessiné à la mine de plomb par Gros*), — plusieurs portraits grav. par Fiesinger, — etc.

255. Cinquante-quatre pièces grav. d'après les artistes de l'Ecole flamande.

256. Pièces par Rembrandt et d'après lui. 36 pièces de divers formats.

257. Quatre pièces par Berghem et de Wael.

258. Cent quarante-quatre pièces grav. d'après Karel Dujardin, Berghem, Marc de Bye, etc.

259. Paysages grav. d'après Vander Cabel, Genoels, Francisque de Neue, Francisque Milet et autres. 53 pièces de divers formats.

260. Douze eaux-fortes de paysages par J. Both.

261. Treize paysages par Ant. Waterlo.

262. Quarante-neuf pièces grav. par Weyrotter, Gessner et autres.

263. Tableaux de Salom. Gessner, gravés à l'eau-forte par W. Kolbe. *Zurich*, 1805-7; 6 cahiers in-fol.

1 — — 264. Dix-neuf paysages gravés par des artistes anglais.

11 — 50 265. Dessins originaux de divers maîtres. 109 pièces de divers formats.

2 — 20 266. Quatre dessins à la mine de plomb, exécutés en Italie par Théod. Mak Wef, en 1798.

1 — — 267. Ch. Burney's general history of music. *Lond.*, 1789, 2 vol. in-4. br. en cart. (*Tom. I et IV.*)

5 — — 268. Discours du général Foy. *Paris*, 1826, 2 vol. in-8. br.

3 — 30 269. Homeri Ilias, græce. *Oxon.*, e theat. sheldon., 1743, in-8. v.

2 — — 270. Gyraldi opera. *Basileæ*, 1580, 2 tom. en 1 vol. in-fol. bas.

7 — — 271. Opere di Nic. Machiavelli. *Filadelfia*, 1796, 6 vol. in-8. br.

16 — — 272. Dix lettres autographes de Voltaire. — Copies de trois lettres du même. — Billet autographe de Mad. Denis. *

14 — 50 273. Quinze lettres autographes de Fréron, dont plusieurs de huit ou dix pages : la plupart sont relatives à diverses pièces dramatiques représentées à Paris en 1751 et 1752. (*C'est un recueil de mémoires en forme de lettres.*)

1 — — 274 Quatorze lettres autographes de D'Arnaud (de l'Académie de Berlin). — Copie d'une lettre du même. — Copies de quatre pièces de vers du même.

5 — — 275. Douze lettres autographes de La Mettrie.

---

* Toutes les lettres autographes portées sous ce numéro et les suivants sont inédites ; la plupart sont adressées à M. de Marschall, membre de l'Académie de Berlin, résidant à Rome.

276. Onze lettres autographes de Maupertuis.—Copie d'une lettre du même à Voltaire.

277. Sept lettres autographes de Formey, secrétai-
re de l'Académie de Berlin.

278. Douze lettres autographes de Darget (secré-
taire des commandements du roi de Prusse), da-
tées de Potzdam 1750, 1751 et 1752.

279. Quatre lettres autographes de Desormes (co-
médien de la troupe du roi de Prusse). — Pièce
de vers du même. — Copie d'une lettre de Fréron au même.

280. Quatre lettres autographes de Phil. de Stosch.

281. Deux lettres autographes du comte Algarotti
(de l'Académie de Berlin).

282. Deux lettres autographes de Fr. Mar. Zanotti.
(*En italien.*)

283. Fac-simile d'une lettre de Raphaël.

284. Atlas de la géographie physique, par Desma-
rest. *Paris*, 1827, gr. in-4. br. en cart. (*De l'en-
cyclop. méthod.*)

285. Danubius pannonico-mysicus, observationibus
geograph., astronom., etc., perlustratus ab Aloy-
sio Marsili. *Hagæ-Comit.*, 1726, 6 vol. gr. in-fol.
fig. vél. (*Avarié.*)

286. Voyage pittoresque de la Syrie, de la Phéni-
cie, de la Palestine et de la Basse-Egypte, grav.
sur les dessins de Cassas. *Paris*, 1799 et ann.
uiv., 30 livrais. gr. in-fol.
Exemplaire avec la triple suite des épreuves à l'eau-forte, avant
et avec la lettre.

287. L'art de vérifier les dates des faits historiques,
des chartes, etc. *Paris*, 1783, 2 vol. in-fol. br.
(*Livrais. I à IV.*)

288. Histoire ecclésiastique, par Fleury. *Paris*,

1742, 36 vol. in-12. vél. — Observations sur l'hist. eccl. de Fleury. *Bruxelles*, 1746, 3 vol. in-12. vél.

289. Xenophontis opera, gr et lat., cum variis lection. cura Edw. Wells. *Oxonii*, e theat. sheld., 1703, 7 part. en 5 vol. in- 8. bas.

290. Edw. Gibbon's history of the decline and fall of the roman empire. *Basil.*, 1789, 14 vol. in-8. bas.

291. Annali d'Italia, compilati da Lod.-Ant. Muratori, colle prefazioni critiche di Gius. Catalani. *Roma*, 1752-1754, 12 tom. en 30 vol. in-8. vél.

292. Fac-simile, sur VÉLIN, de la sentence portée contre Charles Ier, roi d'Angleterre, avec les sceaux et les signatures de tous les juges.

293. Une étude de Nic. POUSSIN, tableau peint sur toile.

294. Copie d'un joli paysage de Nic. Poussin, faite par Boguet et peinte sur bois.

295. Un petit tableau peint sur bois et attribué à Teniers. Il représente une scène d'intérieur.

296. La première pensée de l'Endymion, peinte à l'huile par GIRODET-TRIOSON.

Cette petite ébauche, de quelques pouces de dimension, laisse à désirer sous le rapport de la conservation ; cependant on y reconnaît parfaitement le faire d'un des plus grands artistes de l'École française moderne.

297. Dix études de paysages et de marines, par Pillement.

Elles sont peintes à l'huile : les unes sur fer-blanc, d'autres sur toile et sur papier. *(Ce numéro sera divisé.)*

298. Un portrait peint sur cuivre. _ _ _ _ _ _ _ _ _ _ _

299. Recueil de trente-sept dessins originaux, in-4. vél. vert.

La plupart de ces dessins sont du célèbre CLAUDE LORRAIN; quelques uns ne sont que des études de ce grand maître.

FIN.

Avis aux Bibliophiles.

La vente des livres rares et précieux ainsi que des beaux manuscrits de la bibliothèque de feu M. le comte Boutourlin aura lieu le 25 novembre 1839 et jours suivants, rue des Bons-Enfants, nº 30, maison Silvestre, salle du premier.

Le catalogue, actuellement sous presse, paraîtra dans les premiers jours du mois de septembre, et se distribuera à Paris :

Chez MM.
- *COMMENDEUR*, *commissaire-priseur*, *rue Saint-Germain-des-Prés*, *n. 9.*
- *SILVESTRE*, *libraire*, *rue des Bons-Enfants*, *n. 30.*

Le catalogue de cette bibliothèque remarquable avait déjà été publié à Fl orence en 1831, et n'avait alors été tiré qu'à deux cents exemplaires.

Imprimerie de GUIRAUDET et JOUAUST., rue S.-Honoré, 315.

99

www.ingramcontent.com/pod-product-compliance
Ingram Content Group UK Ltd.
Pitfield, Milton Keynes, MK11 3LW, UK
UKHW021203140726
13695UKWH00005B/2319